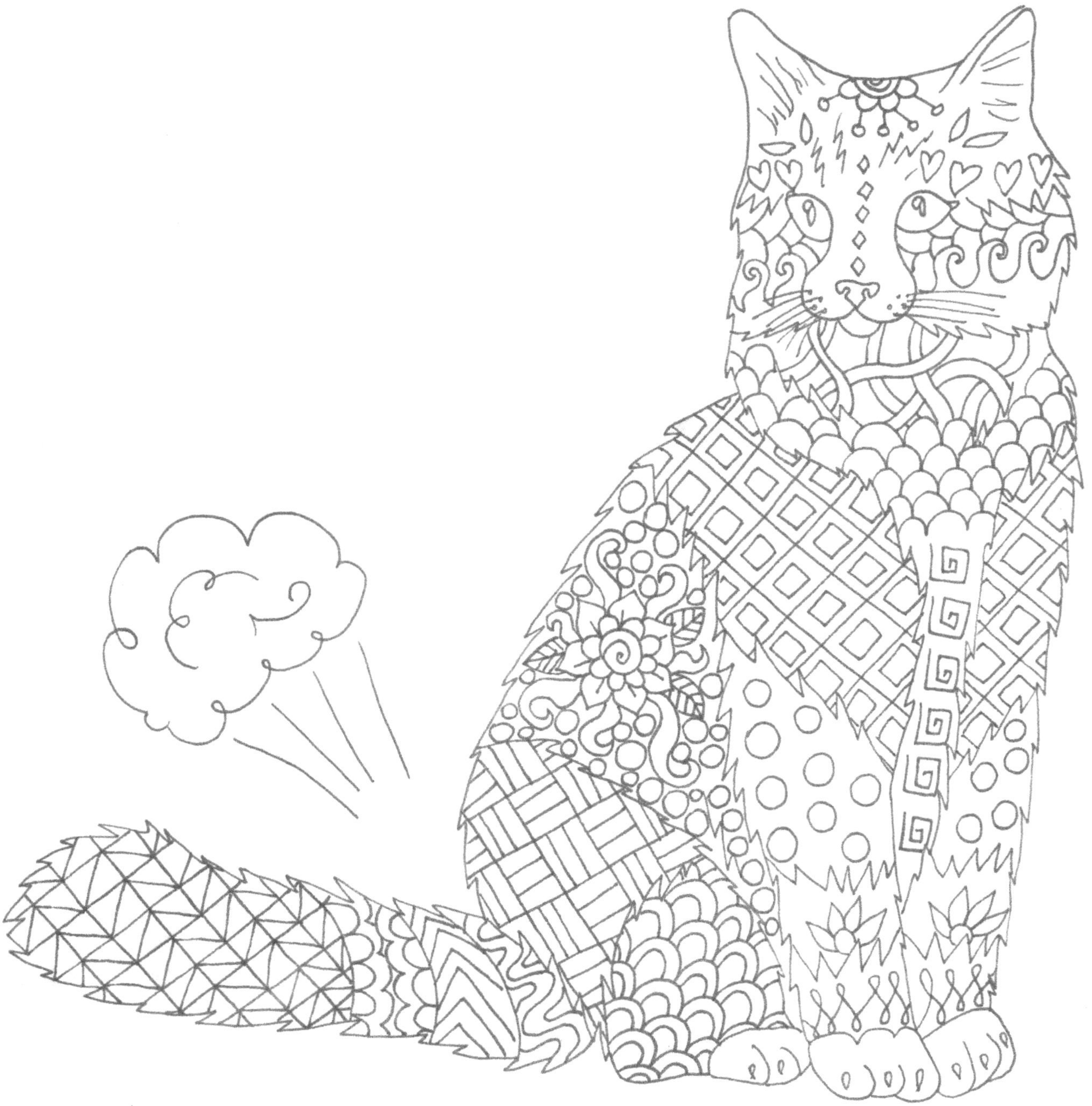

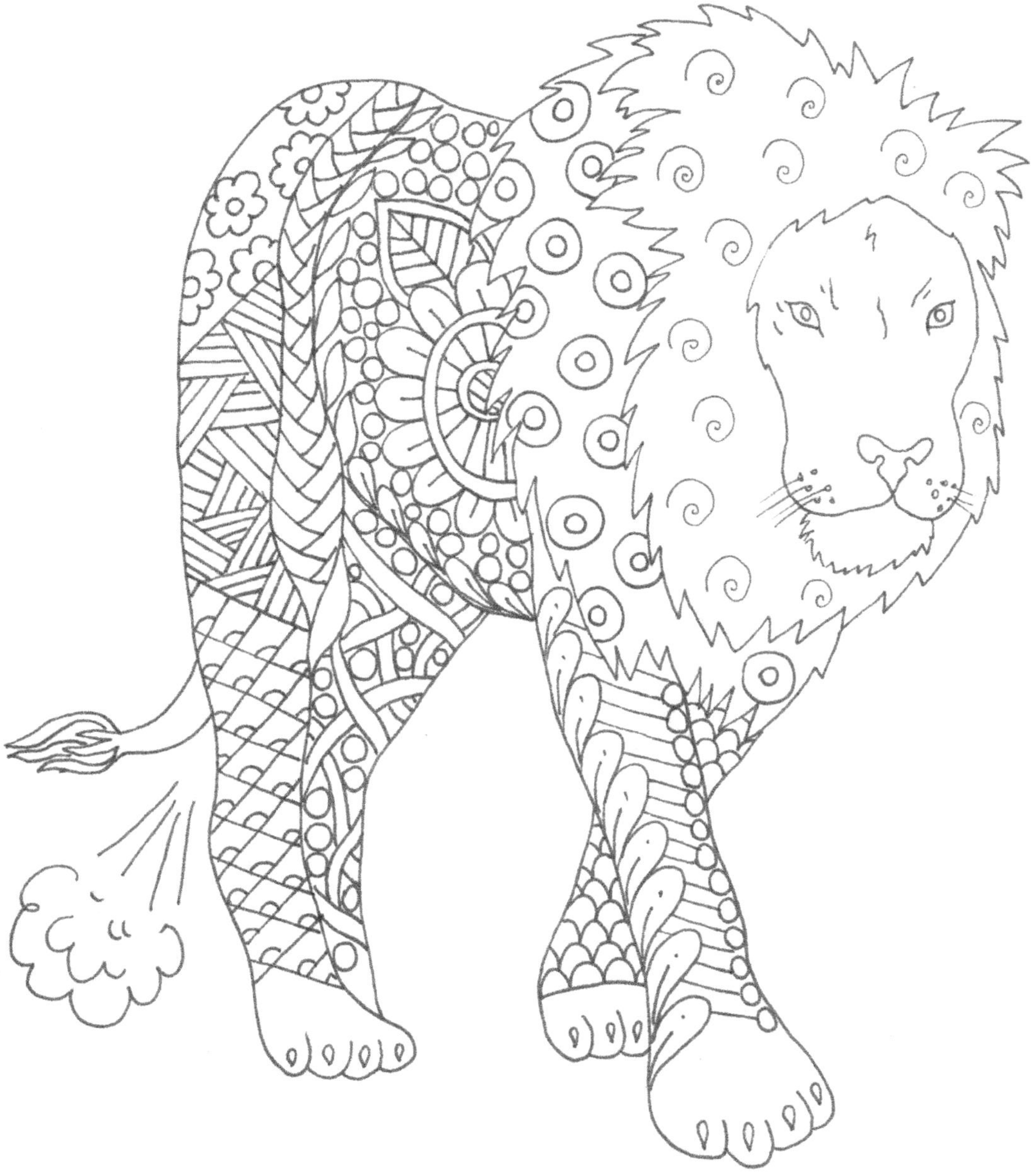

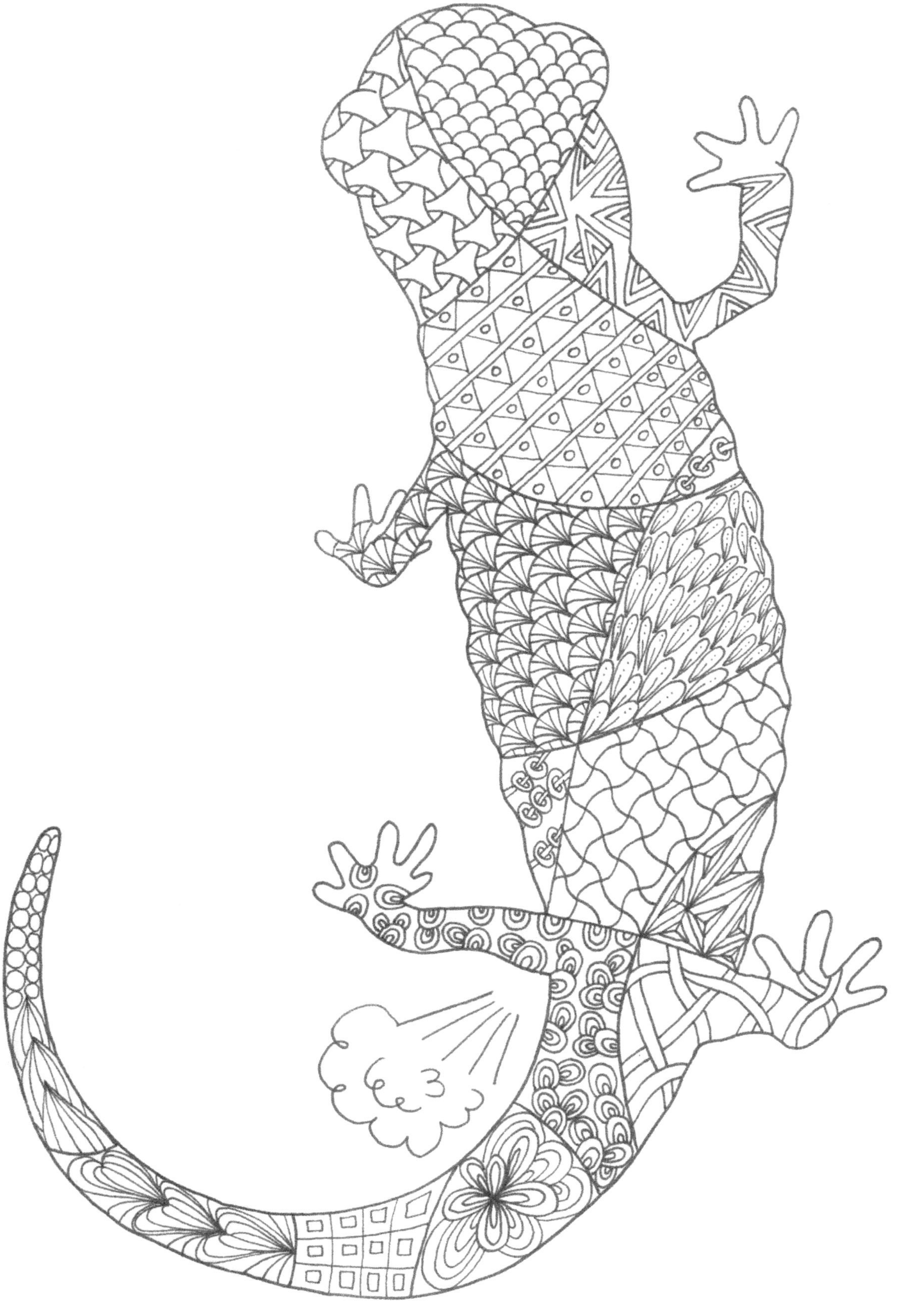

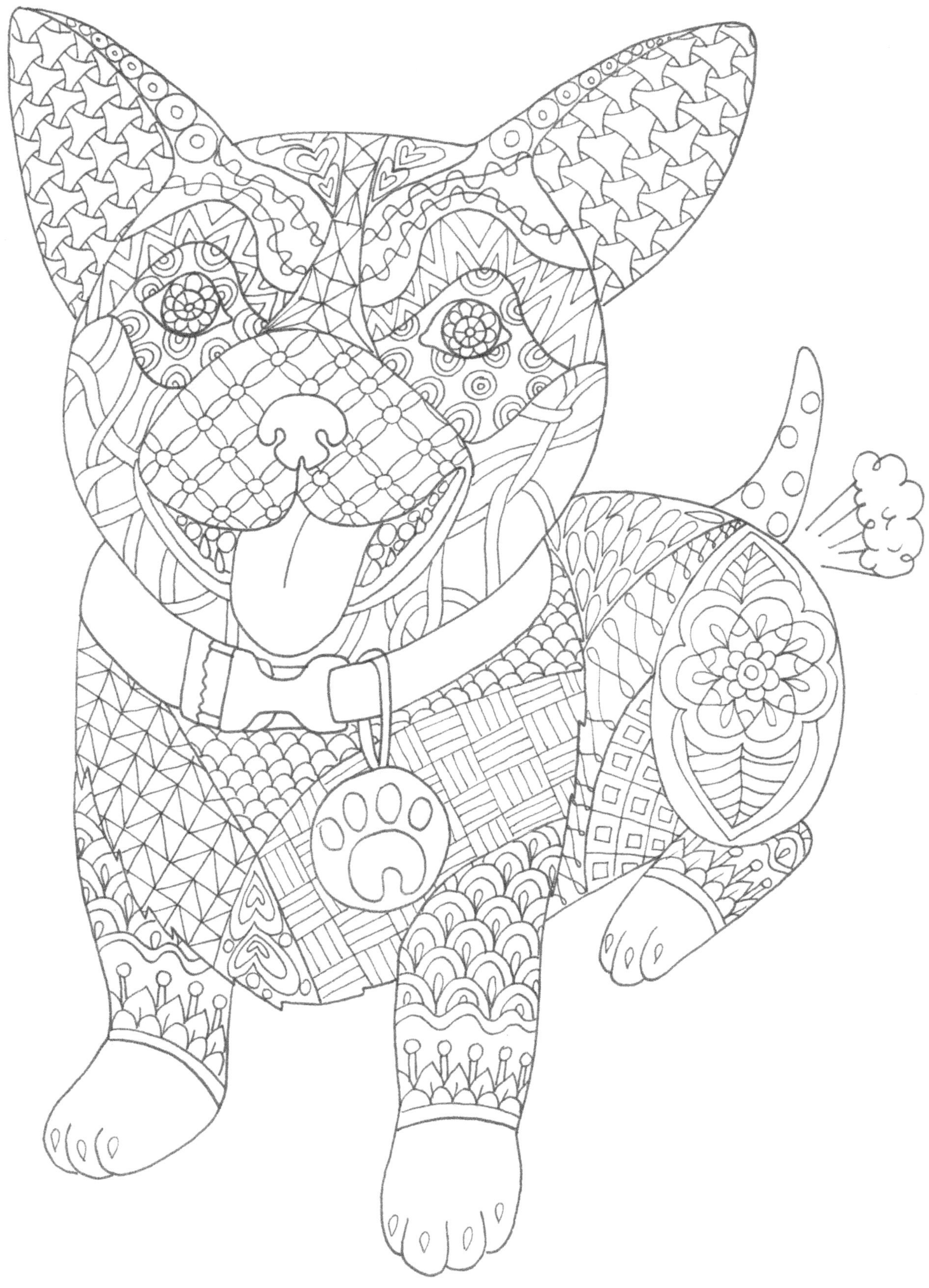

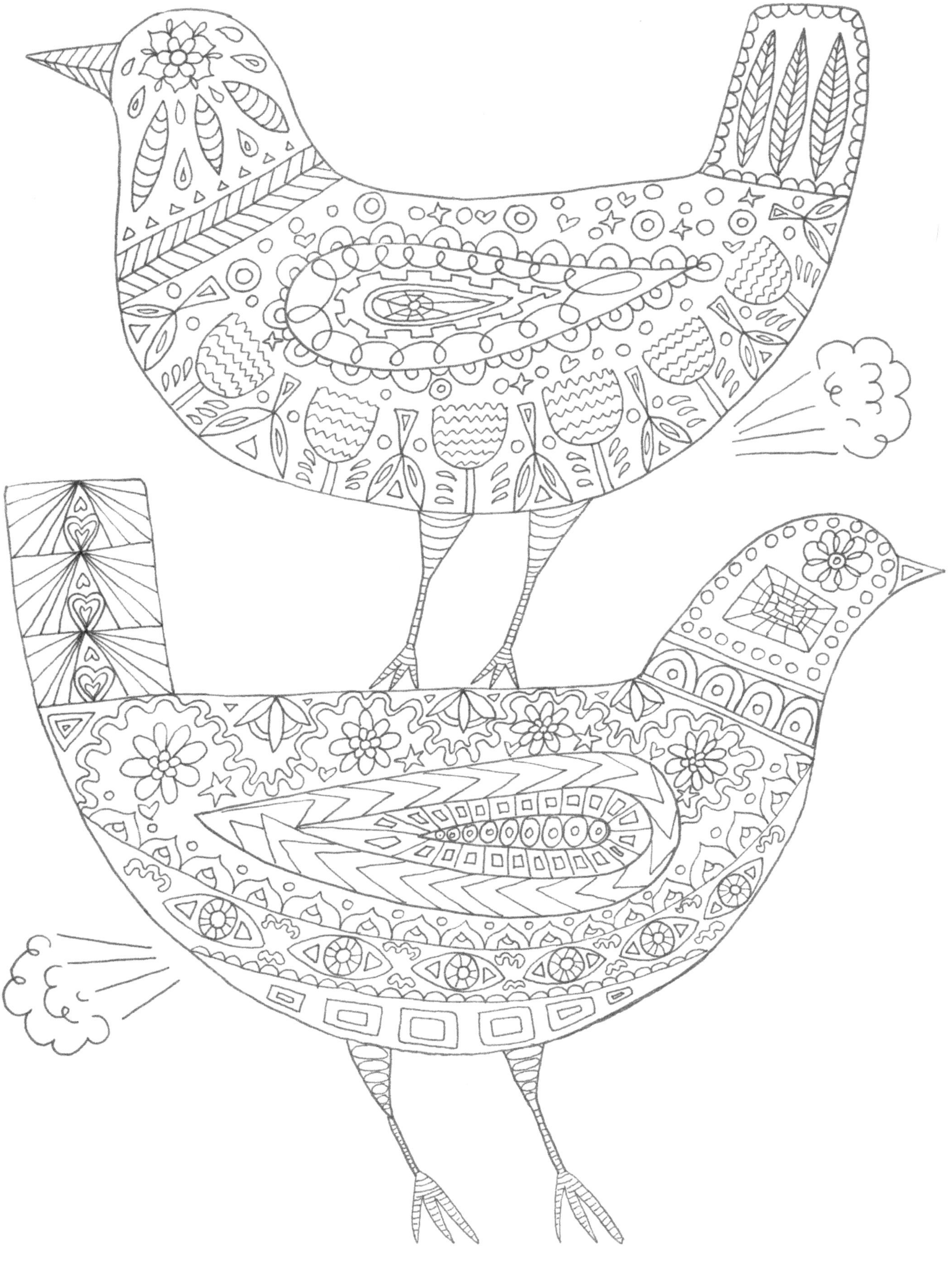

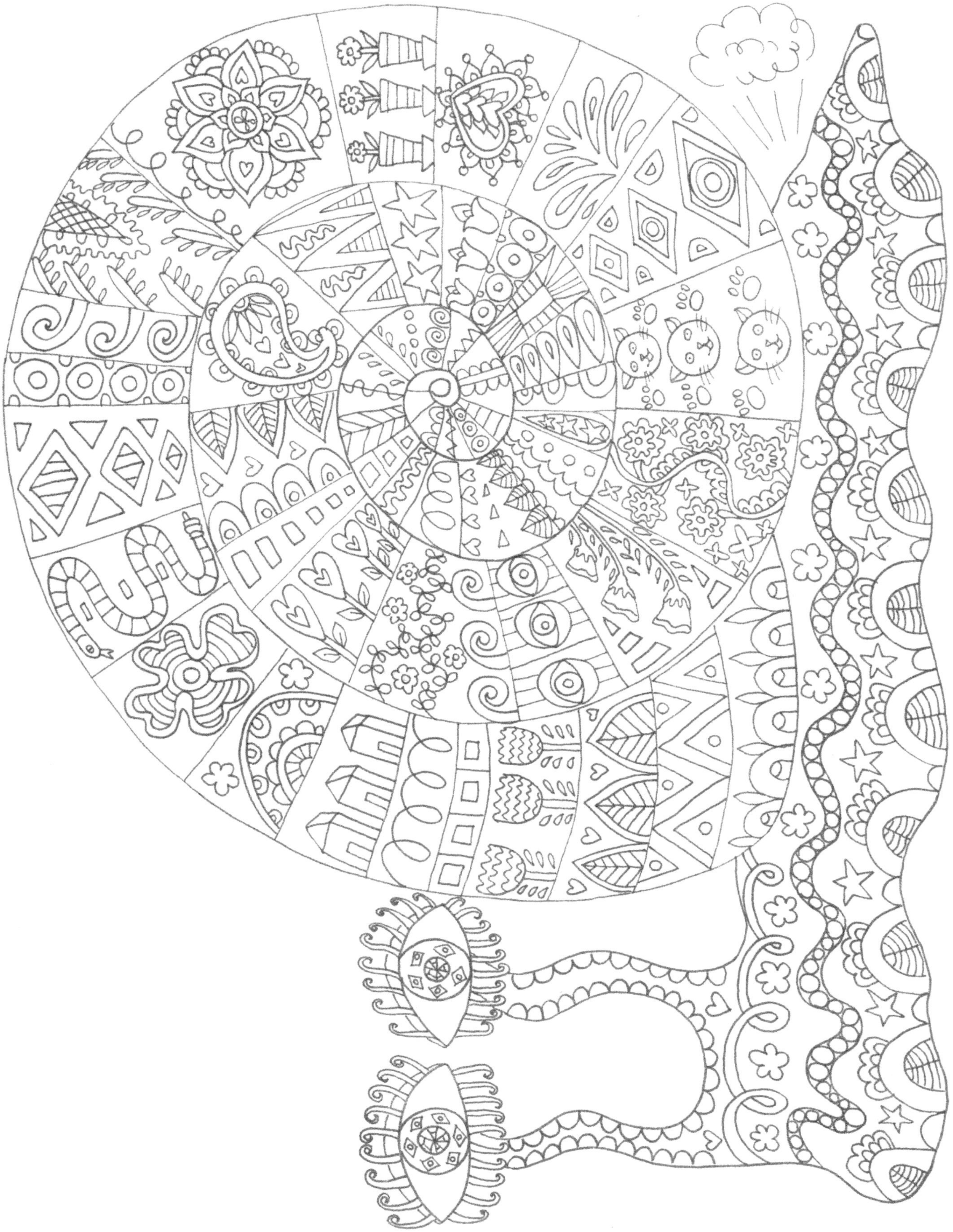

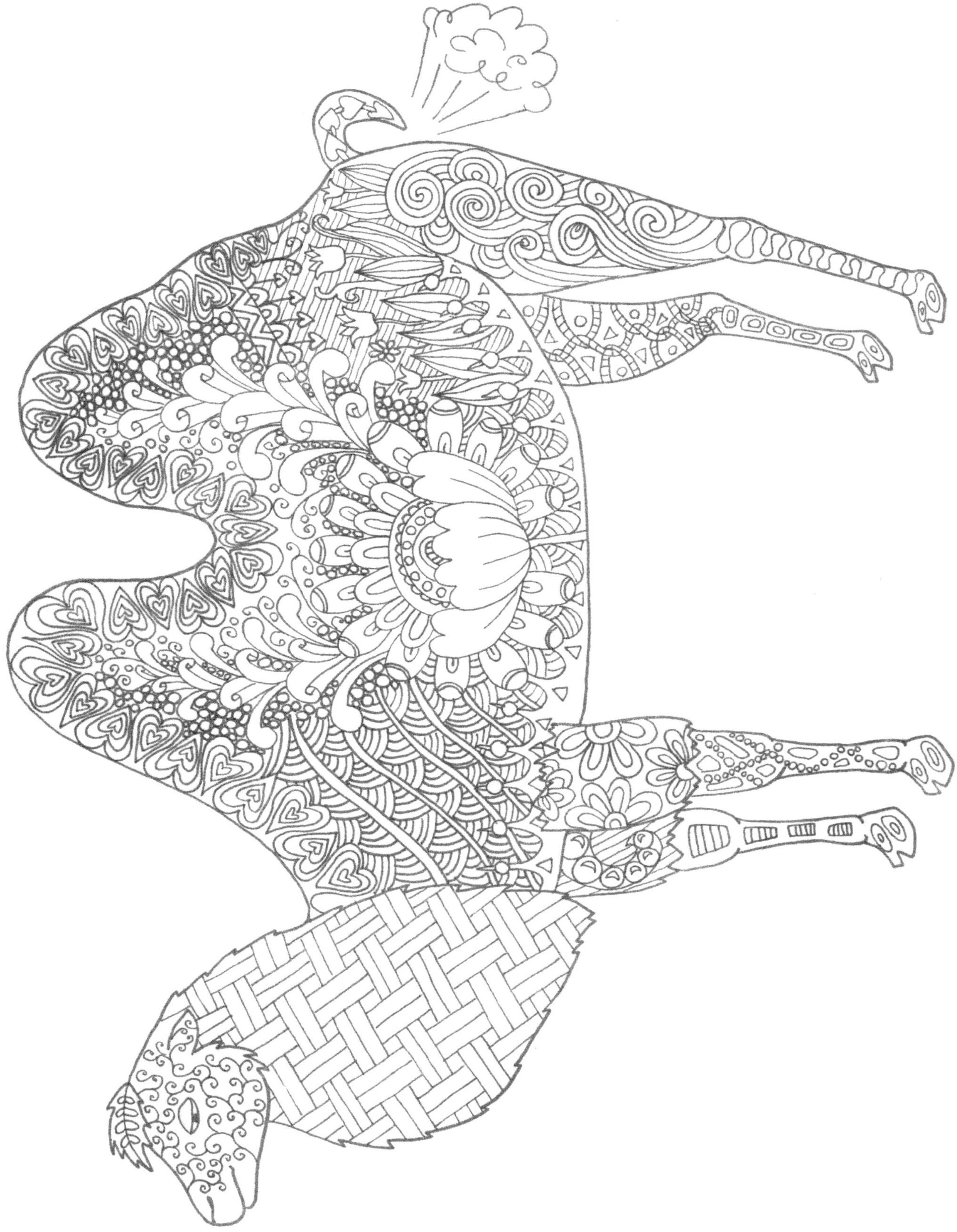

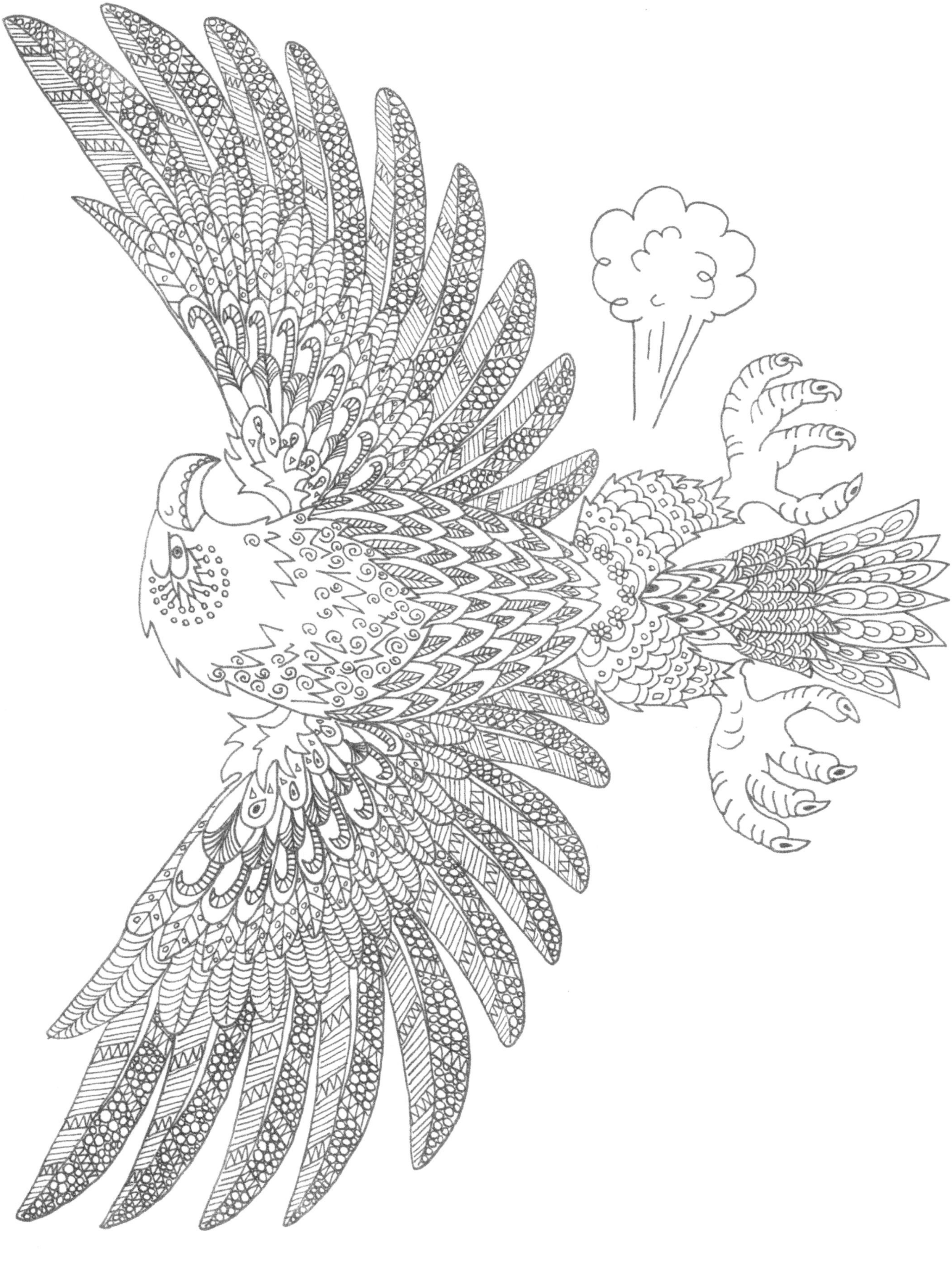

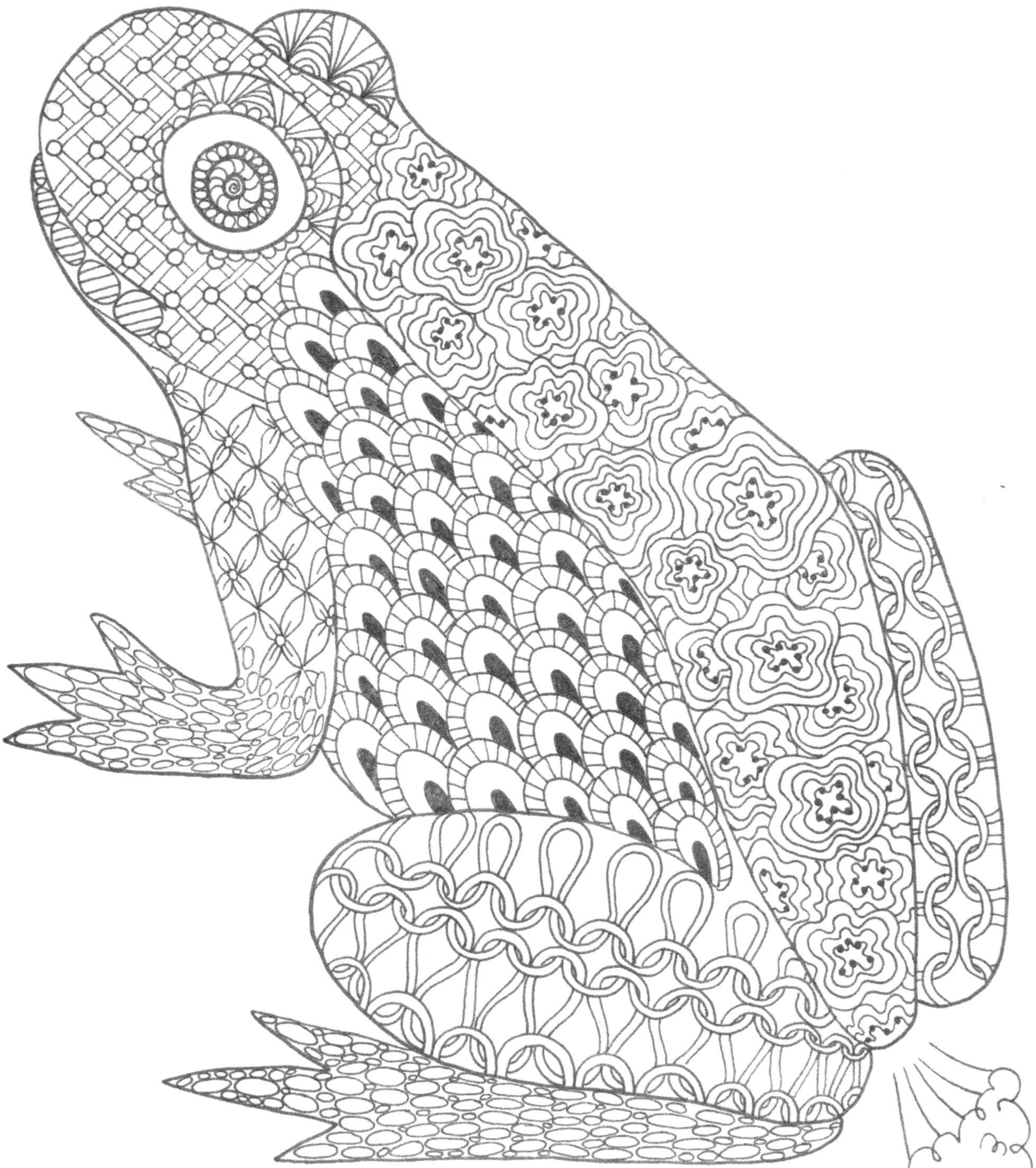

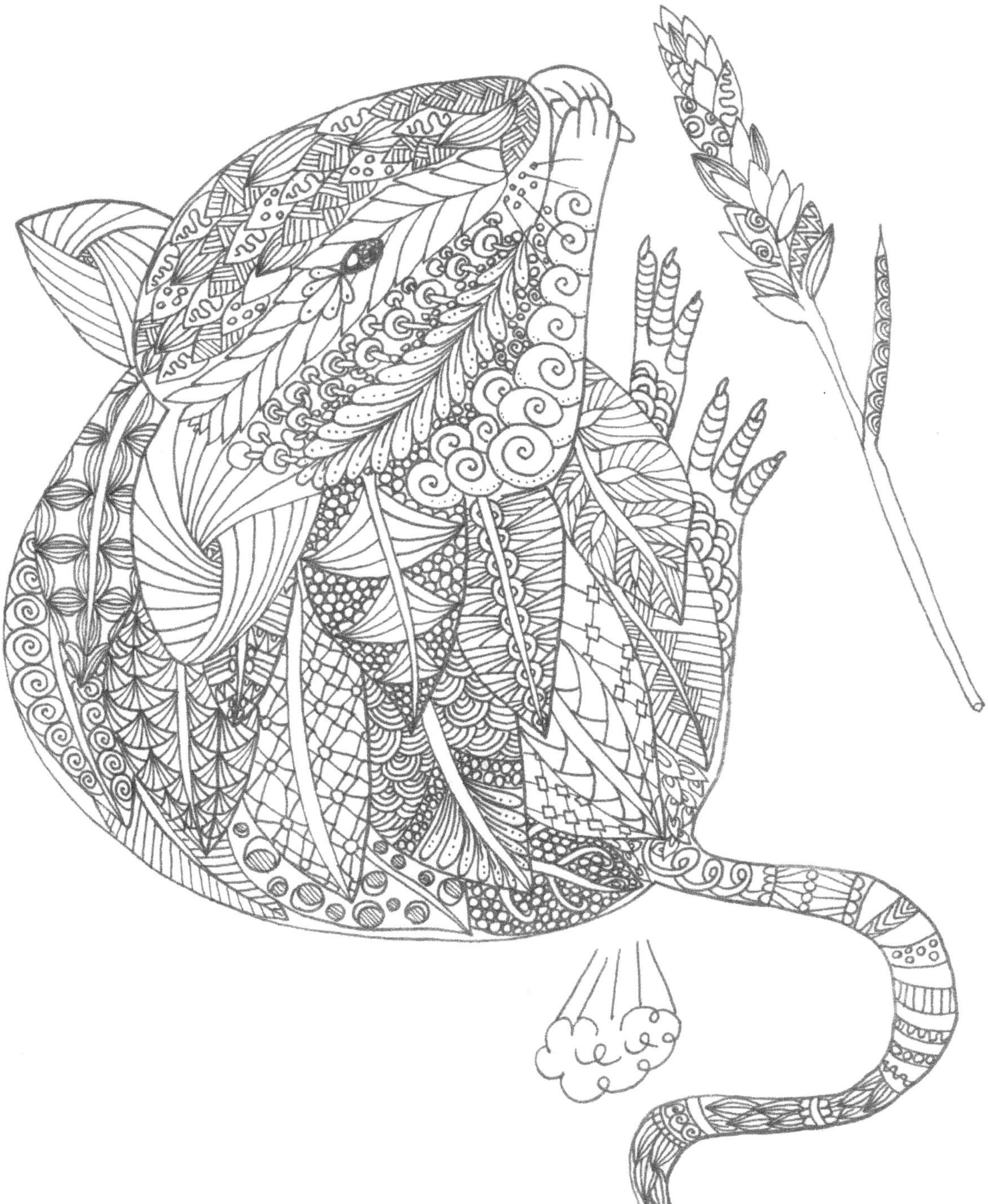

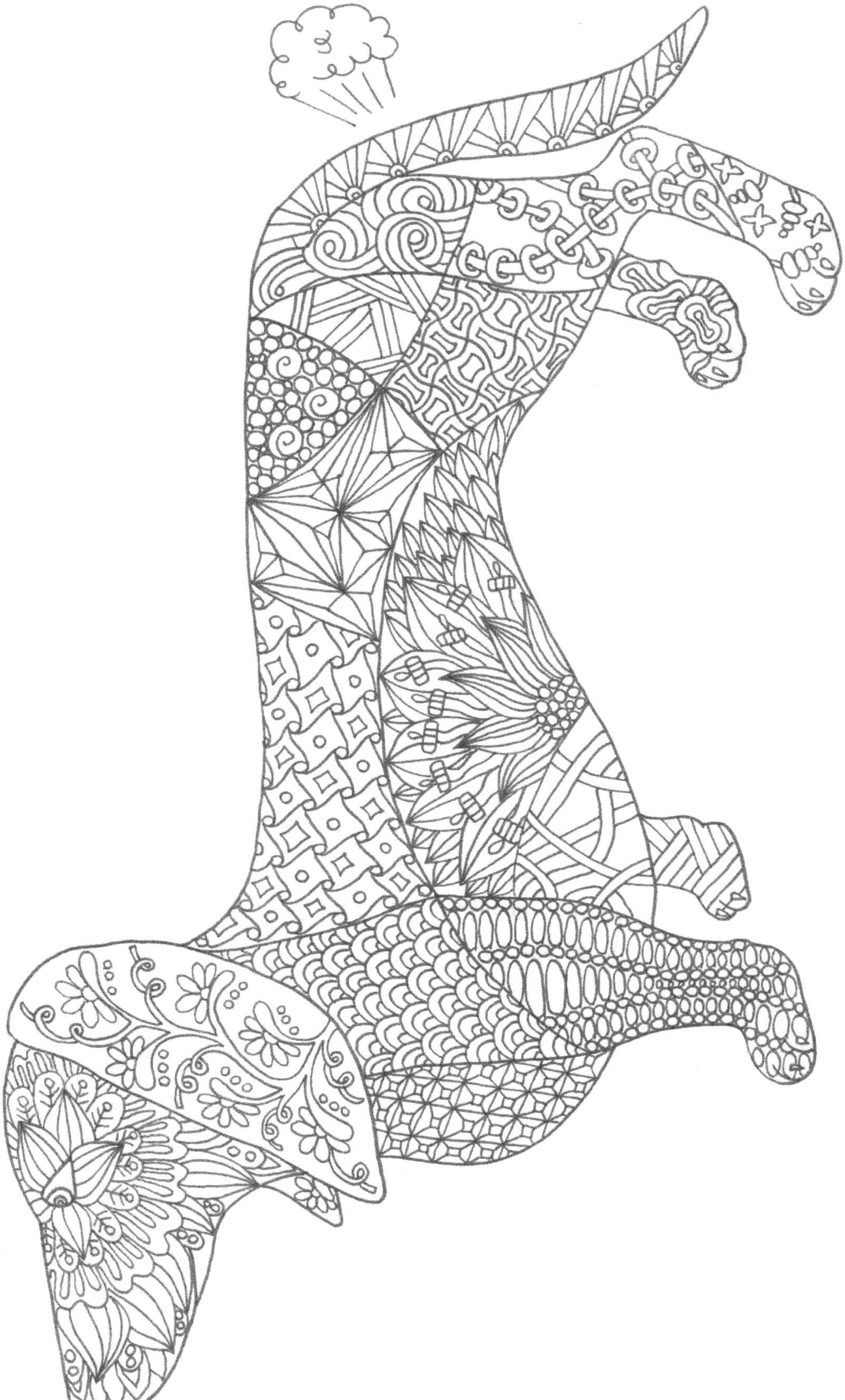

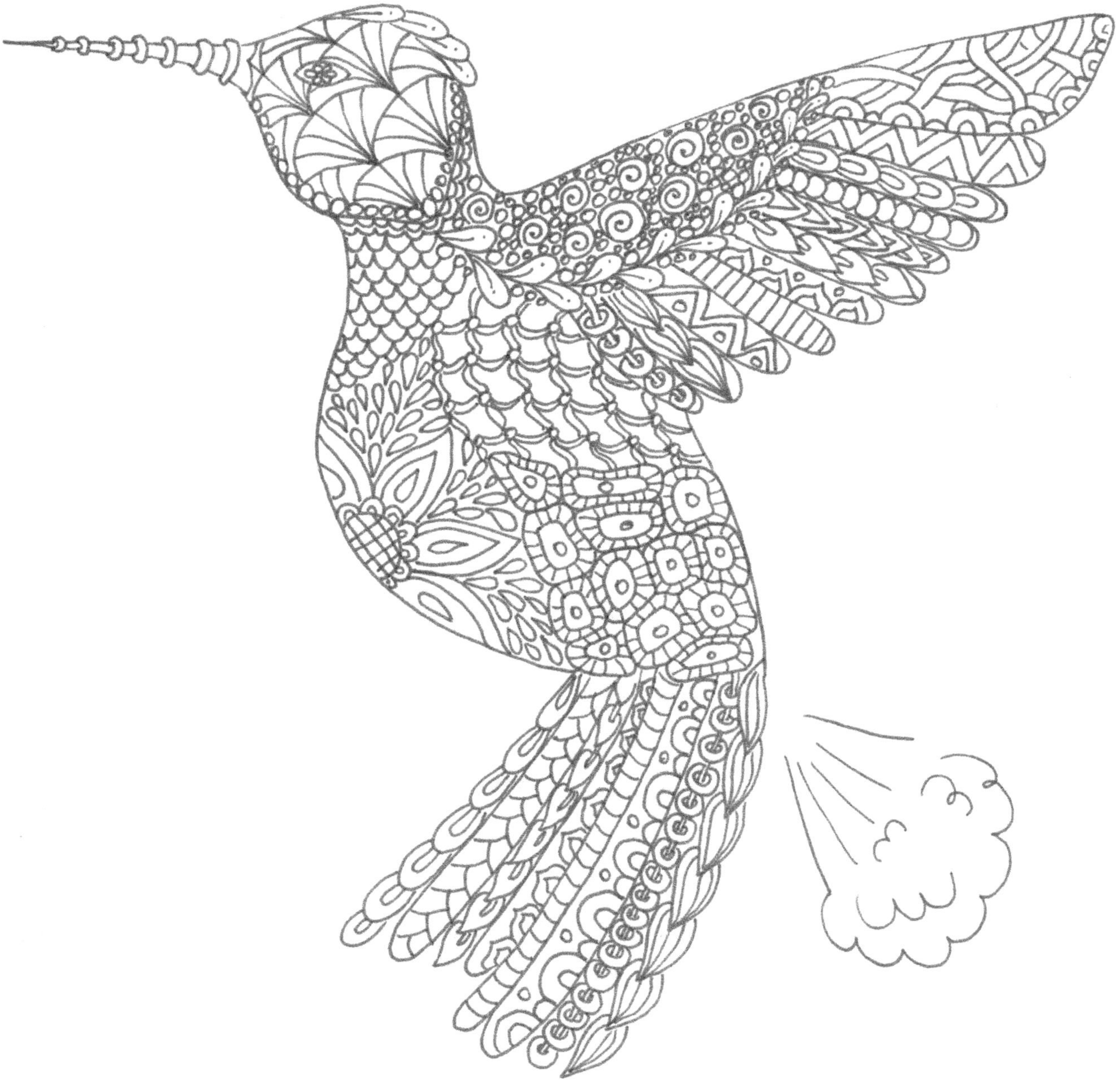

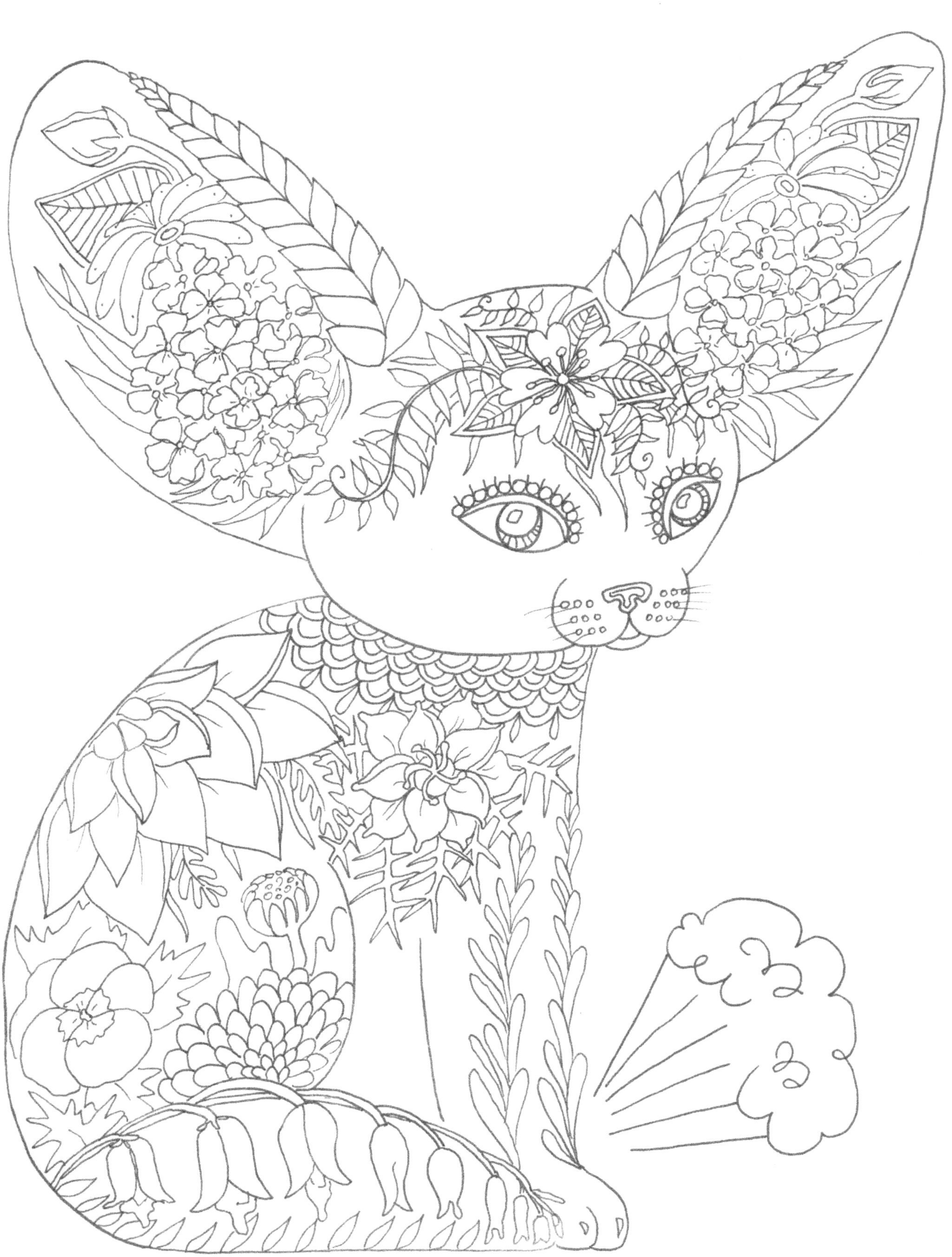

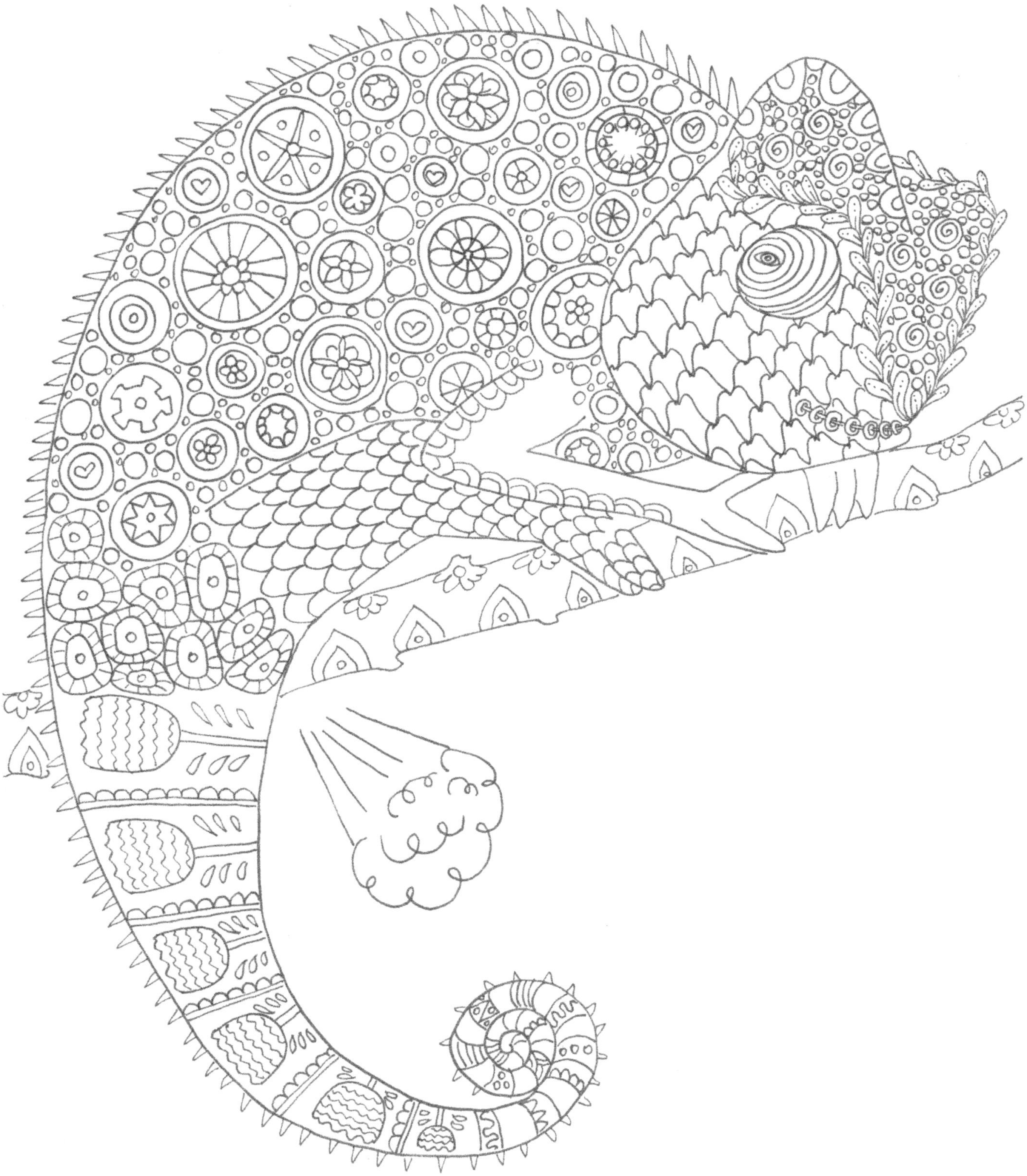

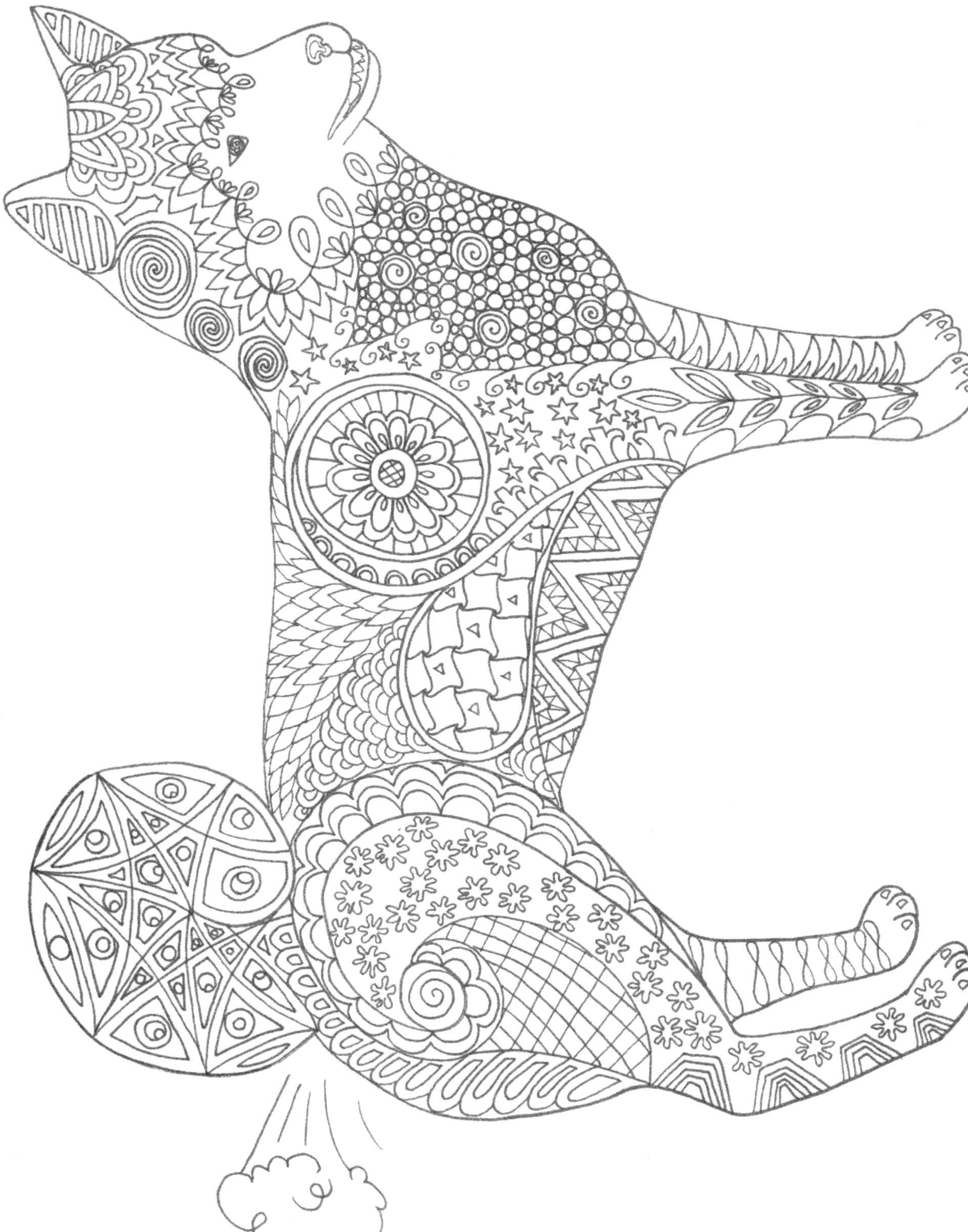

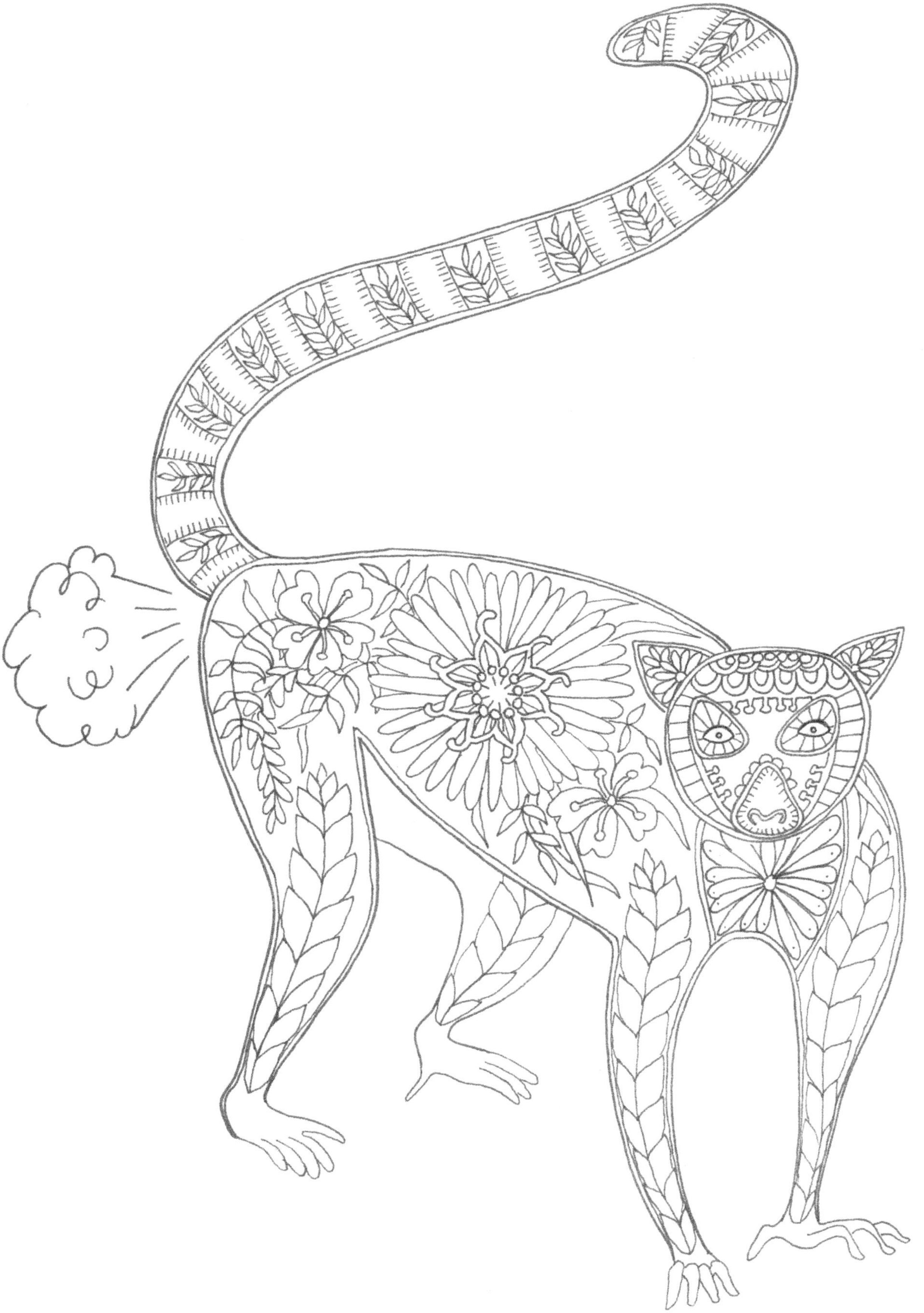

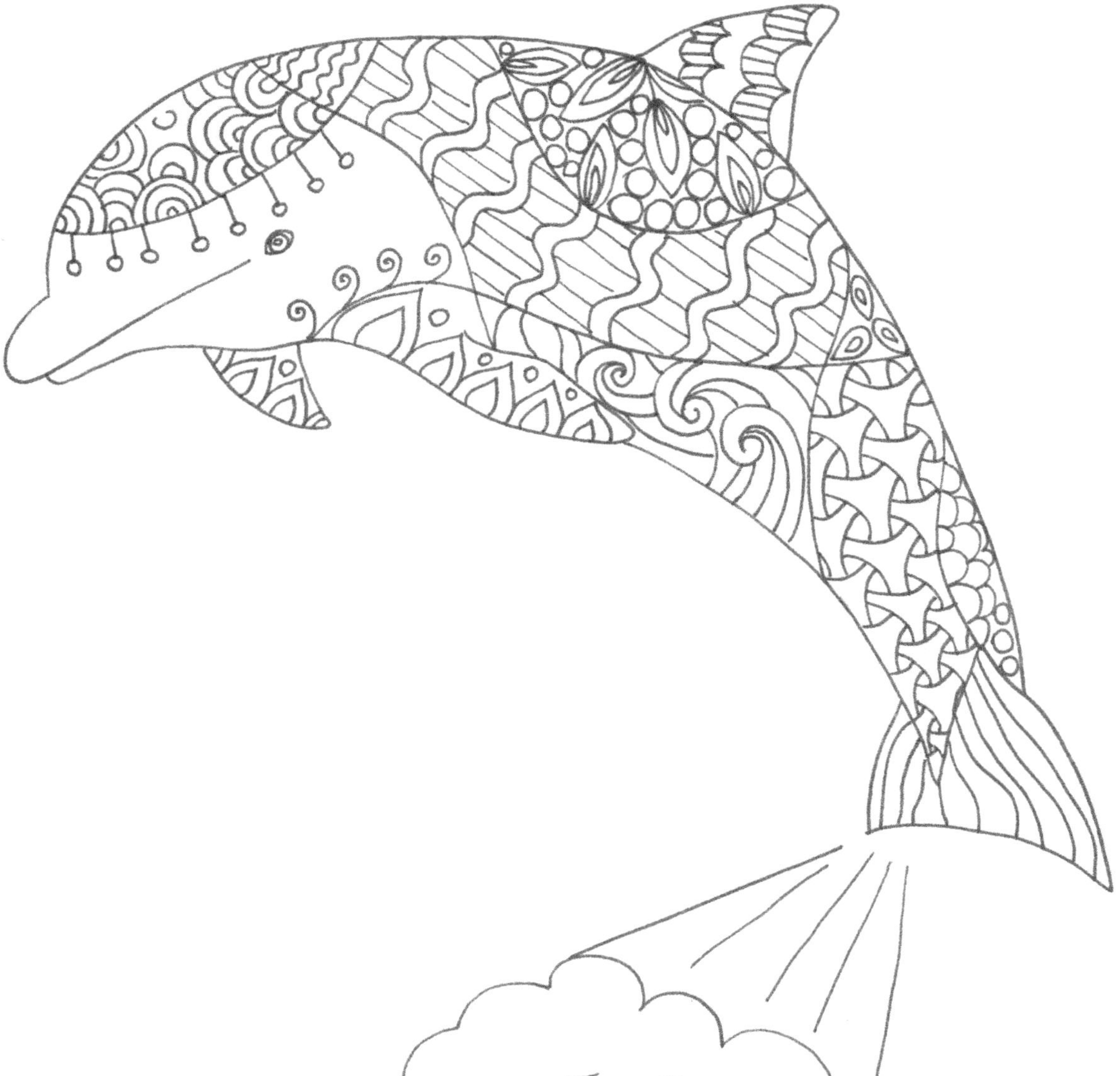

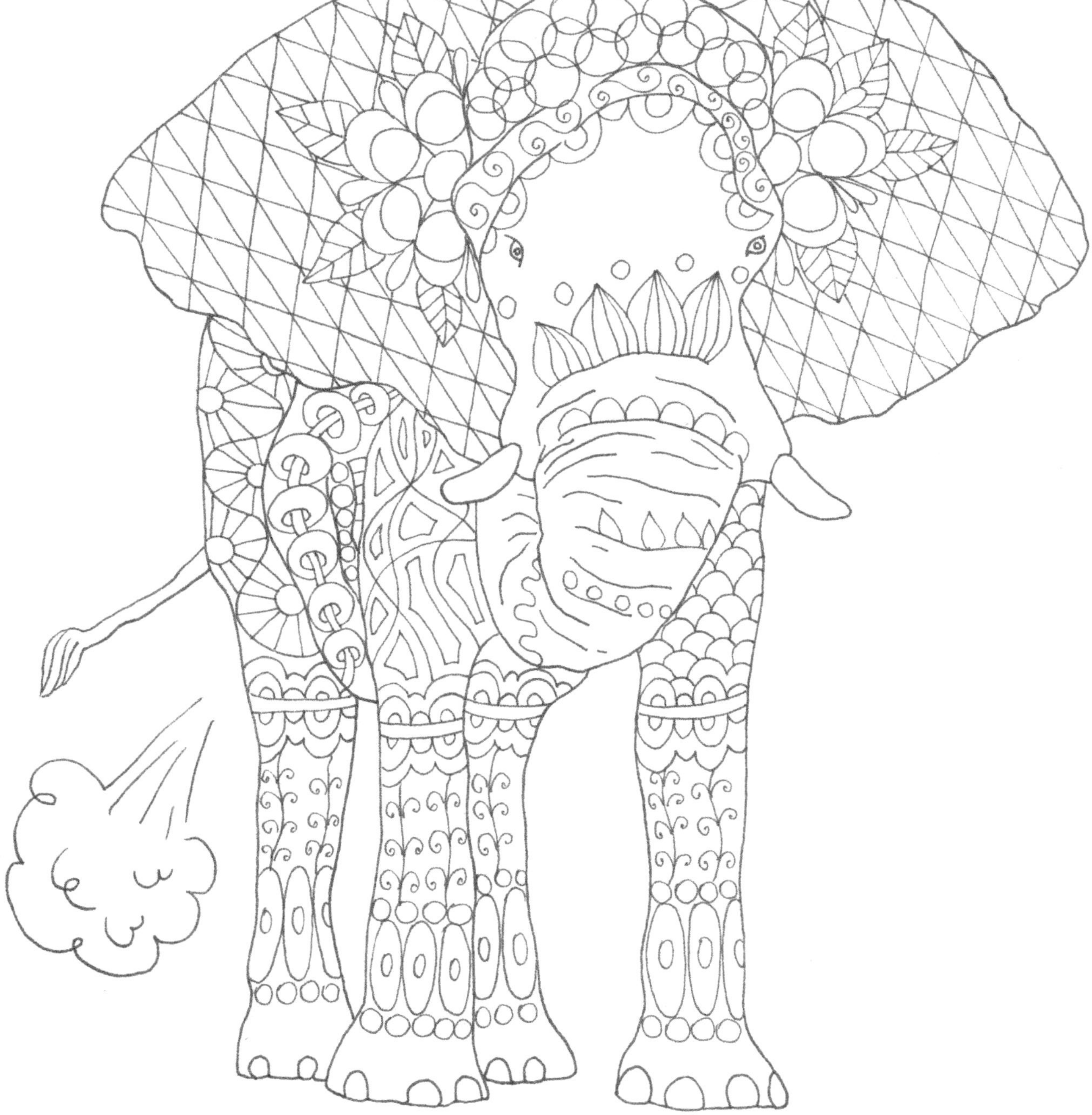

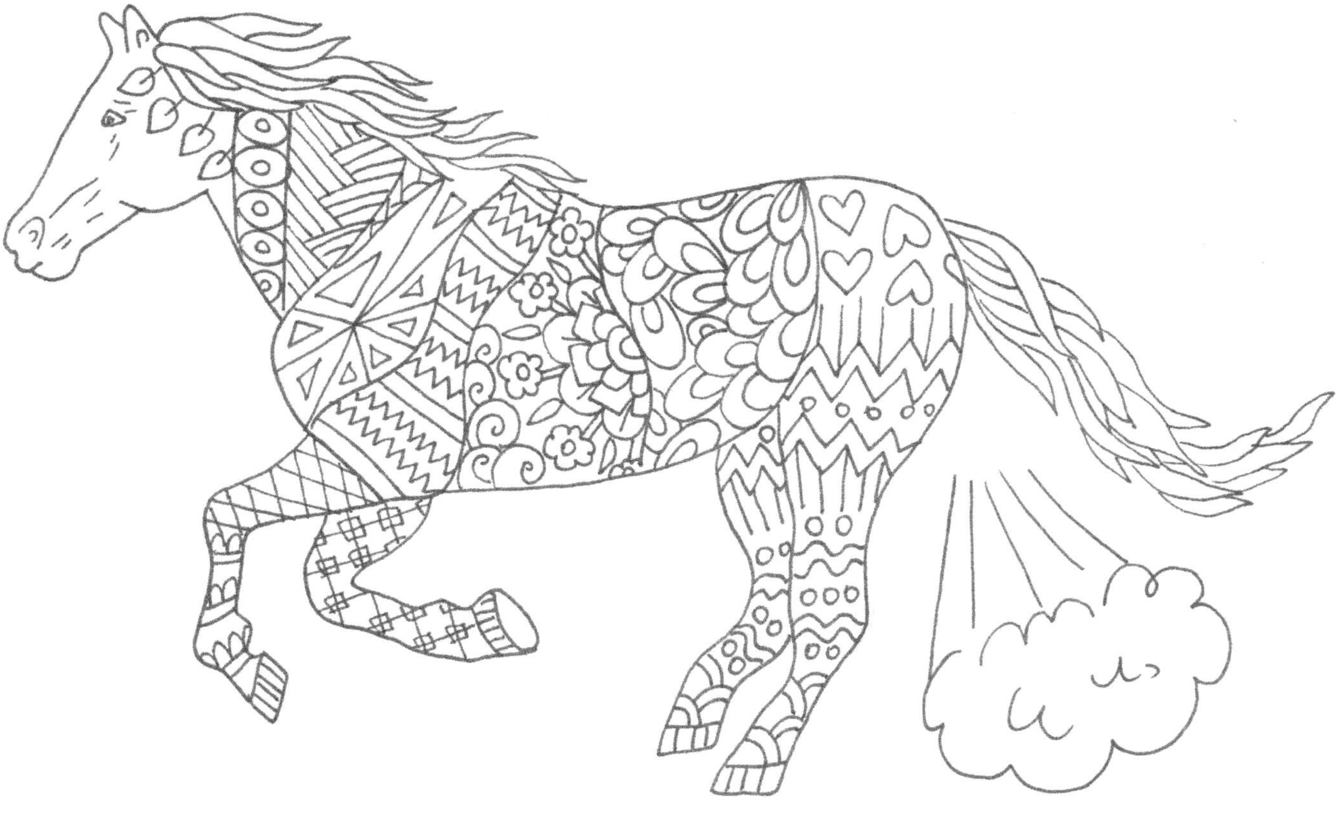

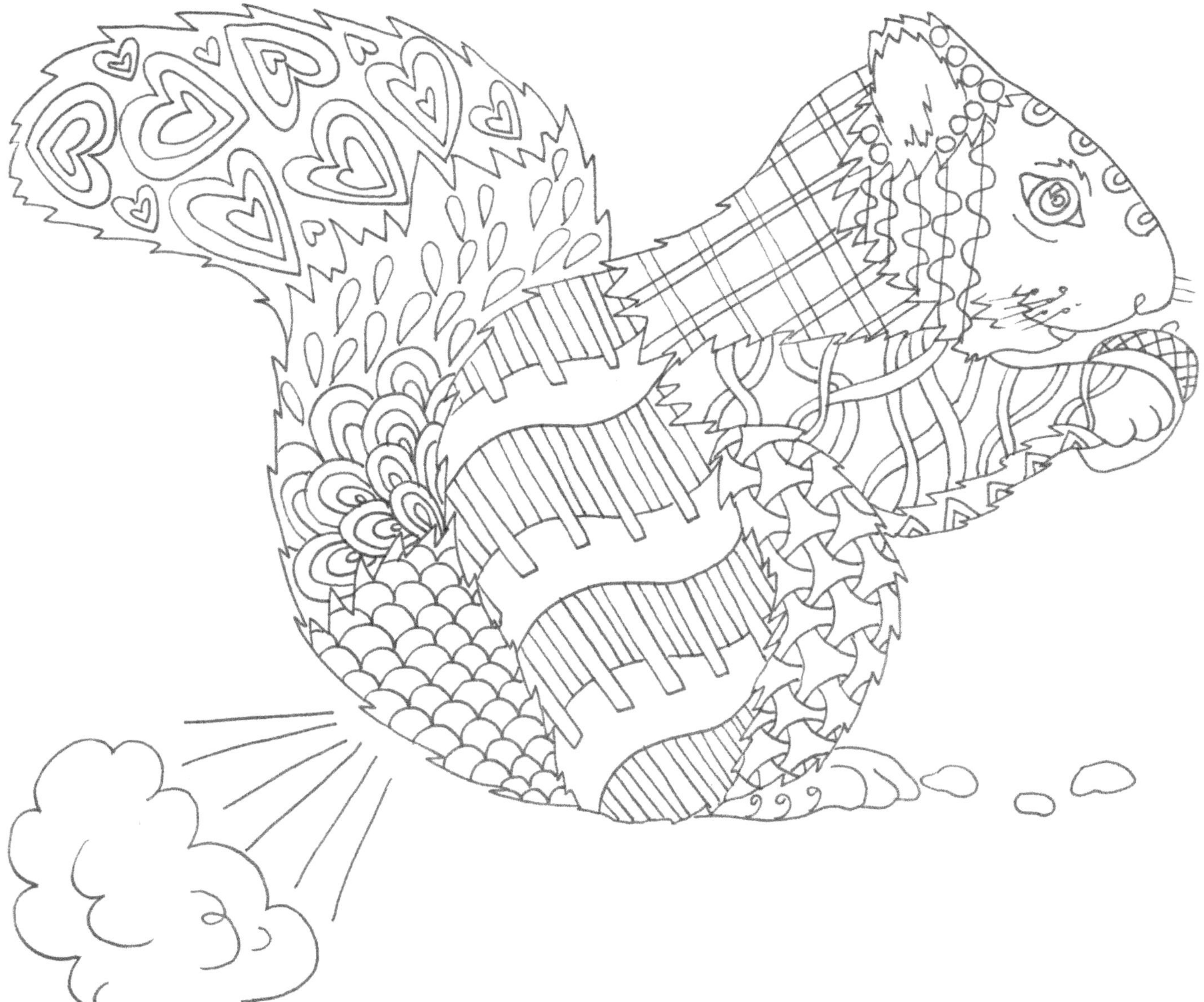

www.ingramcontent.com/pod-product-compliance
Lightning Source LLC
Chambersburg PA
CBHW081647220526
45468CB00009B/2581
* 9 7 8 1 9 8 3 4 4 2 6 2 9 *